여자들은
모르는
남자들의
심리

사 랑 이 서 툰 너 에 게

여자들은
모르는
남자들의
심리

이성현 지음 | **차상미** 그림

21세기북스

PROLOGUE

『여자들은 모르는 남자들의 심리』는
연애를 하면서 누구나 한 번쯤은 공감했을,
연인 사이에 지켜야 할 최소한의 배려를
남자의 관점에서 조금 더 솔직하게
그리고 담백하게 적은 책입니다.

유튜브에서 '여모남심'이라는 콘텐츠를 기획한 의도는
남자들의 속마음과 입장을 포장해서 말하기보다는
제가 이때까지 연애를 해오면서 느꼈던 것들을
조금 더 솔직하게 담아내기 위함이었고,

"남자들 입장이 이러하니 여자들이 고쳐라!"가 아니라
남자들의 이런 부분은 배려해야 하는데
그러기 위해서는 연인 간의 협의와 소통이 제일 중요하다는
메시지를 전달하고자 했습니다.

'여모남심'을 3년 전, 제가 고등학교 2학년 때 시작했으니
아무래도 이 책은 제 또래의 어린 친구들이 더 공감을 할 것 같습니다.
표현이나 문체 또한 제 또래 친구들의 눈높이에 맞추어져 있으니
그 점을 고려하고 읽어주셨으면 좋겠습니다.

어린 나이에 1인 미디어를 하면서도
이 콘텐츠가 이렇게 책으로까지 나올지는 생각도 못 했는데
많은 분이 좋은 반응을 보여주셔서
이런 기회가 만들어진 것 같습니다.
정말 감사드립니다.

'어린놈이 뭘 알아'라고 생각하는 분들이 계실까 봐
한편으로는 걱정도 되지만,
실제로 콘텐츠를 진행하면서 주변의 남자 지인들에게
어떤 생각을 하고 있는지 자문을 구하기도 했고,
다른 인터넷 방송도 참고를 많이 해서
공통된 내용을 주로 다루었습니다.

'케바케 case by case'라고 흔히 말하는 것처럼
상황마다, 그리고 사람마다 다를 수 있으니
이 책에 나온 내용이 무조건 정답은 아니라는 점을
염두에 두고 읽어주세요!

이선현

CONTENTS

004　PROLOGUE

두근두근,
썸남의 마음이 궁금해!

012　남자들은 정말 착각을 잘한다
016　남자들의 '귀엽다'는 무슨 의미인가요?
020　남자가 좋아하는 여자에게 하는 행동
024　답장은 하는데 선톡은 안 하는 경우
028　썸 타는 남자가 절대로 고백을 안 하는 이유
034　남자는 관심 없는 여자에게 돈과 시간을 투자하지 않는다
038　남자는 좋아하면 티를 내나요?
042　여자가 먼저 스킨십이나 고백을 하면 가벼워 보인다?
047　남자가 먼저 흔들어놓고 떠나는 이유

내 남친님아,
널 이해하고 싶어

- 052 남자친구는 여자친구가 무엇을 하든 예뻐 보인다
- 056 남자가 돈 없으면 데이트를 못 한다고 생각하는 이유
- 060 남자친구가 질투를 안 하는 이유
- 064 남자친구가 쌩얼이 예쁘다는데 진심인가요?
- 068 남자가 눈치 없는 이유
- 072 남자가 잔소리나 다툼을 회피하는 이유
- 076 전 여친과 비교하는 남자친구?
- 080 게임할 때 답장학 개론
- 084 질투가 심한 남자는 왜 그런가요?
- 088 전 여친 페이스북에 '좋아요'를 누르는 이유
- 092 여자는 변했다고 느끼지만 남자는 아니라고 하는 경우
- 098 여자친구를 좋아하지 않는데 사귀는 경우

이젠 전 남친이 되어버린
그놈의 심리

- 106   남자들이 시간을 갖자고 하는 이유
- 110   남자는 왜 한순간에 변하나요?
- 114   헤어질 때 더 좋은 남자 만나라는 건 무슨 의미인가요?
- 118   여자친구와 헤어지고 난 뒤, 남자의 마음 변화
- 122   전 남친이 새로운 여자친구를 바로 사귀는 이유
- 126   헤어진 남자친구가 페이스북을 차단하는 이유
- 130   헤어지고 난 뒤, 친구가 될 수 없다?

도대체 남자들은
왜 그러는 걸까?

- 136 잔다면서 페북하는 남친
- 140 여자와 남자 사이에 친구가 될 수 있나요?
- 144 오래된 전 남자친구가 다시 잡는 이유
- 146 남자들은 좋아한 사람과 좋아해줬던 사람, 누굴 더 못 잊나요?
- 150 남자들은 첫사랑을 못 잊는다?
- 154 남자들은 왜 외모를 안 본다고 해놓고 외모를 보나요?
- 156 남자들이 바지 주머니에 손 넣는 이유
- 160 친구랑 놀 때 연락을 잘 안 하는 이유
- 164 여자가 남자한테 잘해주면 변한다?

- 168 EPILOGUE
- 170 응원해주신 분들

두근두근, 썸남의 마음이 궁금해!

EPISODE 1
남자들은
정말 착각을 잘한다

남자들은 정말 단순합니다.
싫으면 싫다고, 좋으면 좋다고
있는 그대로 솔직하게 말합니다.

그러면서 상대의 말은
있는 그대로 받아들이지 않고
자신의 생각대로 의미를 부여하거나
착각하는 남자들이 많습니다.

과장해서 예를 들어보자면
친한 여자사람 친구가 밥을 사달라 했을 경우
남자들은 다음과 같은 사고 과정을 거치게 됩니다.

'밥은 중요하다. 왜? 의식주 중 하나니까.
그런데 입고, 먹고, 살고, 그중 하나를 해달라고?
지금 나한테 미래를 부탁하는 건가?
그렇다면 가장의 역할을 해달라는 건가?
그렇다면 내가 믿음직하고 호감이 있다는 건가?
그렇다면 뭐라고 대답을 해야 하지?
혹시 밥 먹다가 고백하는 거 아니야?
뭐라고 받아줘야 하지?
혹여 내 스타일이 아니면 어떡하지?'

이 과정은 물론 극심하게 과장한 것이니
반드시 저렇다는 것은 아니지만,
그 정도로 착각을 잘합니다.

상대방의 말에 의미를 부여해서
혼자만의 썸을 타고
혼자만의 고백을 하고,
혹여 고백을 안 받아주면
어장 관리하는 여자로 만들어버립니다.

그러니까 여성분들,

남자는 매우, 자주, 잘, 착각할 수 있으니까
확실하게 어필해주세요.
싫으면 싫고, 좋으면 좋고.

착한 남자, 푸근한 선배, 귀여운 후배라는
잣대를 주게 되면 남자들은 착각에 빠져
희망 고문을 당하게 되고 맙니다.

좋아하지도 않으면서 미안한 마음에
남자의 망상을 받아주다보면
나중에 더 큰 상처를 줄 수도 있으니
정말 미안하다면 쳐내는 것이 더 좋은 방법입니다.

물론 의미 부여 안 하는 남자들도,
착각을 안 하는 남자들도 있어요.
오히려 남자가 어장을 관리하는 중일 수도 있고요.

뭐든지 사람은 케바케라고 하잖아요?
그러니 남자든 여자든
본인의 의사를 제대로, 명확히, 밝혀주세요.

EPISODE 2

남자들의 '귀엽다'는
무슨 의미인가요?

대부분의 남자는 아무 이유 없이
칭찬하지 않아요.

남자들은 칭찬하는 것을
되게 어색해하고 부끄러워하는데
그 칭찬을 이성인 여자한테 한다?
그럼 마음이 있을 확률이 높아요.

그중에서 '예쁘다'도, '못생겼다'도 아닌
'귀엽다'라고 말하는 의미는

예쁘다고 대놓고 칭찬하기에는
사귀지도 않는 사이라서
괜히 부담스러워할까 봐,
못생겼다고 장난치기에는
기분이 나쁠까 봐.

그래서 애매하게
'귀엽다'라는 말을 사용하는 거예요.

오늘따라 너는 너무 예쁘고
그래서 칭찬은 하고 싶은데

사귀는 사이는 아니고
애매모호한 사이라
대놓고 칭찬하기에는
부담스러워할까 봐.

혹은 다른 사람들이 이상하게 볼까 봐
'귀엽다'는 표현을 자주 사용해요.

물론 그냥 정말 귀여워서
귀엽다고 하는 사람들도 있을 거예요.

하지만 남자들은
마음이 없는 이성에게
칭찬을 하지 않아요.
엮이면 귀찮아지기 때문이죠.

그러니 남자가 '귀엽다'는 말을 자주 연발한다면

자신이 정말로 귀엽다든가
혹은 상대방이 나한테 마음이 있는 것으로
착각하셔도 돼요.

EPISODE 3

남자가
좋아하는 여자에게
하는 행동

세 가지 행동이 있어요.

첫째, 괜스레 장난을 쳐요.

괜히 툭툭 쳐보기도 하고
괜히 짓궂은 말을 하기도 하고
괜히 오버해서 말장난하기도 해요.

왜?
관심을 받고 싶어서.

내가 툭툭 쳤을 때 관심 한 번 주길
짓궂은 말을 했을 때 관심 한 번 주길
오버했을 때 관심 한 번 주길 바라니까 그러는 거예요.

둘째, 연락을 계속 이어가려고 노력해요.

남자는 좋아하는 여자와 연락을 할 때면
아이디어 뱅크가 돼요. 대화가 끊기지 않게
계속 대화 소재를 생각해내요.

"뭐해?
밥 먹었어?
뭐 먹었어? 고기?
나랑 고기 먹으러 가자.
내가 맛있는 집 알아."

뭐해? 한마디로 시작해서
다섯 마디를 만들어낼 수 있는 게 남자예요.

왜?
너랑 계속 연락하고 싶으니까.

네가 뭐 하는지 궁금하고
네가 싫어하는 것이 무엇인지 궁금하고
네가 좋아하는 것이 무엇인지 궁금하니까.

더 알아가 보기 위해서
연락을 이어가려고 노력해요.

셋째, 계속 약속을 만들어내요.

갑자기 뜬금없이
밥 먹자, 영화 보자, 카페 가자, 놀이공원 가자고 해요.

왜?
좋아하니까.
너랑 모든 걸 함께 하고 싶은 거예요.

너랑 같이 밥 먹고 싶고
너랑 같이 영화 보고 싶고
너랑 같이 놀이공원 가고 싶고
네가 좋아하는 것을 함께 즐기고 싶은 거예요.

만약 연락하는 남자가 이 세 가지 행동을 한다?
그럼 당신을 좋아하는 게 맞아요.

EPISODE 4

답장은 하는데
선톡은 안 하는 경우

이런 경우는 여자를 안 좋아하는 경우가 정말 많아요.
일단 미안해서 꼬박꼬박 답장은 잘해요.

좋아하는 마음이 아니라
미안한 마음 그뿐이에요.

정작 본인은 그게 어장 관리고
희망 고문인 것을 몰라요.

그게 더 상대방에게
미안한 짓을 하는 것이고, 상대를
더 비참하고 힘들게 만든다는 것을 몰라요.

만약 남자가 여자를 좋아하면
자존심 굽혀가며 선톡도 하고,
대화 소재가 없으면 만들어가고,
어떻게 해서든 연락을 더 하고 싶어서 노력할 거예요.

왜?
그만큼 상대방을 좋아하니까.
내 시간을 투자할 만큼
내 머리를 굴릴 만큼
좋아하니까.

답장은 꼬박꼬박 하는데 선톡을 안 하는 경우는
정말 마음이 없을 가능성이 커요.

상대방에게 마음이 없으면
여자건 남자건 쳐내세요.

미안하다는 이유로 못 쳐내고 받아주고 있다면
정말 잔인한 희망 고문을 하는 거예요.

희망 고문 하지 마세요.
자신을 좋아하는 사람에게
이런 고문하지 마세요.

EPISODE 5

썸 타는 남자가
절대로 고백을 안 하는 이유

본격적인 연애를 시작하기 전에
먼저 연락을 주고받으며 서로 잘 맞을지
알아가는 시간이 있습니다.

흔히 '썸'이라고 불리는데
사실 썸이라는 관계에 명확한 기준은 없지만
친한 남자사람 친구, 여자사람 친구가 아닌 경우라면,

예를 들어 연인 사이일 정도로
달달한 카톡을 주고받는다든가 같이 영화를 본다든가
밥을 굳이 같이 안 먹어도 되는데 단둘이 먹는 것처럼
연인들의 흔한 데이트 코스를 단둘이 자주 하는 경우라면,

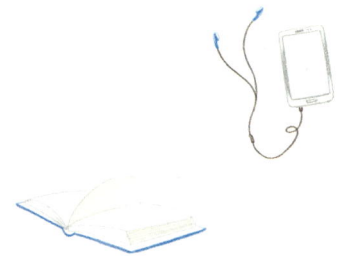

그리고 한쪽만 호감을 느낀 것이 아니라
서로 호감을 느낀 경우라면
대부분 썸이라고 칭합니다.

이런 썸 관계인 경우 대부분
남자가 먼저 고백하는 경우가 많습니다.
(물론 여자가 고백해서 연인이 되는 경우도 있죠)

그런데,
분명히 썸을 타고 있는 사이인데도 불구하고
고백을 안 하는 남자는 무슨 이유일까요?

첫째, 고백했는데 거절당할까 봐

내가 만약 고백했는데
거절당하면 '다시 못 만나니까'라는
생각 때문에 고백을 망설이는 경우가 많습니다.

다시 카톡을 못 하고, 같이 영화도 못 보고,
같이 밥도 먹지 못 하고, 아는 척하기조차 힘든
어색한 사이가 되어버리니까
망설이게 됩니다.

둘째, 자격지심을 느낄 때

나랑 연락을 주고받는 사람이 나하고는 어울리지 않게
되게 예쁘거나 다른 이성들에게 인기가 정말 많은 경우
다가가는 것조차 어려워합니다.

만약 고백한다고 해도
'나보다 외모와 스펙이 뛰어난
남자가 많을 텐데
고백을 받아줄까?'라는
걱정을 먼저 하게 됩니다.

자존감이 낮은 남자는 사귀는 도중에도
다른 남자와 자신의 스펙을 비교하며
자신이 너무 초라해 보이지 않을까 걱정합니다.

대부분 남자가 고백을 안 하는 경우는
어장 관리인 경우도 있겠지만

걱정을 지나치게 많이 해서
혹은 자존감이 낮아서
고백을 못 하는 경우가
대다수입니다.

차라리 이런 의문이 들기 전에
여자가 먼저 고백을 해보세요.

혹시 알아요?
페이스북에 '연애 중' 상태를 업데이트할 수 있을지?

EPISODE 6

남자는 관심 없는 여자에게
돈과 시간을 투자하지 않는다

여자하고 남자는 이성 관계를 나누는 방식이 다릅니다.

여자는 좋아하는, 사귀고 싶은 남자와
친한 남사친, 능력 있는 남사친,
아는 오빠, 아는 오빠의 오빠처럼
남자를 여러 가지 그룹으로 분류합니다.

하지만 남자는 정말 명확하게
사귈 여자, 안 사귈 여자
두 종류로 나눕니다.

여기서 남자는
정말 친한 여자사람 친구를 제외한
나머지 사람에게 돈과 시간을
쓸데없이 투자하지 않습니다.

관심이 있으니까 돈과 시간을 투자하는 거예요.

예를 들어서 같이 밥을 먹는데 남자가 밥 값을 다 냈다?
당신의 음식 시키는 귀여운 목소리, 당신의 귀여운 젓가락질,
잘 먹는 당신의 모습이 예뻐서 투자한 거예요.

혼자 먹을 수도 있는데 굳이 불러내서
돈과 시간을 할애한다는 건
그만큼 관심이 있다는 뜻이에요.

하지만 남자가 그런 여자가 많다면?
그건 여사친이 많은 게 아니라 어장입니다.
그런 놈은 신경 쓰지도 마세요.

남자는 태생부터 귀차니즘이 심해요.
관심이 없으면 같이 밥 먹기도, 영화 보기도, 카톡도
귀찮아서 안 합니다.

관심 없는 여자가 같이 밥 먹자고,
같이 영화 보자고, 같이 카톡 하자고 해도
그 시간에 롤 한 판, 서든 한 판, 피파 한 판 등
게임 한 판을 더해요.

그러니 남자가 돈과 시간을 투자한다면
관심이 있다는 것으로 생각하셔도 좋습니다.

만약 남자가 자신에게 돈과 시간을 많이 투자하는데
그 남자에게 관심이 없다면 거절을 해주세요.

미안하다는 명목하에 거절 못 하지 마시고요.
희망 고문이 더 힘들어요.

EPISODE 7

남자는 좋아하면 티를 내나요?

대부분의 남자는
그렇게 티를 내지 않아요.

좋아하는 여자가 생기면
우선 그 여성의 남사친을 탐색해요.

혹여 나보다 더
외모가 뛰어난 남자가 있거나
나보다 재력이 뛰어난 남자가 있거나
정말 친해 보이는 남사친이 있으면
가능성이 없다고 생각하고
포기해버려요.

'굳이 근처에 잘생긴 남자가 있고
재력이 뛰어난 남자가 있고
재치 만점인 남자가 있는데
나랑 만나겠어?'

'이렇게 키 작고 못생기고 뭔가 특출난 것도 없는데
왜 나를 만나겠어? 포기해야지.'

남자들은 걱정을 많이 해요.
그래서 부딪혀보지 않고
걱정만 하는 경우가 많아요.
그리고 자신을 계속 깎아내리는 버릇이 있어요.

괜히 티 내다가 어색해질 것 같고
고백도 하기 전에 까여버릴까 봐 무섭고
남자사람 친구로서도 못 있을까 봐 겁먹어버려요.

그러다가 좋아하는 여자가 남자친구가 생겨버리면
혼자 자책하고 혼자 아쉬워해요.

남자만 그런 것이 아니라 여자도 이런 경우가 많아요.

누군가를 좋아한다면
걱정만 하지 말고 부딪쳐보세요.

시도를 해보고 포기하느냐와
시도도 못 해보고 포기하느냐는
정말 많은 차이가 있어요.

용기를 가지세요.

EPISODE 8

여자가 먼저
스킨십이나 고백을 하면
가벼워 보인다?

정말, 매우, 그렇지 않습니다.
먼저 연락을 하든 고백을 하든 스킨십을 하든
여자가 먼저 한다고 가벼워 보인다는 건
잘못된 생각이에요.

여자가 먼저 연락을 해볼 수 있는 거고
여자가 먼저 고백을 할 수도 있는 거고
여자가 먼저 스킨십을 할 수 있는 거예요.

절대 가벼워 보이지 않습니다.

오히려 남자는 용기 있는 여자로
생각할 거예요.
가볍다고 생각하는 남자 자체가
글러 먹은 놈이죠.

여자가 무조건 고백을 받아야 하고
여자가 무조건 번호를 따여야 하고
여자가 무조건 스킨십을 허락해줘야 하고.

그건 잘못된 생각인 거예요.

구애는
남자가 여자에게
해야 하는 것이 아니라
자신이 좋아하는
상대방에게 하는 것이에요.

자존심 때문에
좋아하는 사람을 놓치지 마세요.
연애할 때뿐 아니라
자존심이 상한다고 해서
먼저 선톡이 올 때까지
기다리지 마시고
먼저 연락해보세요.

그러면 남자는
가벼워 보인다는 생각보다
자신감이 있는 여자라고 생각해서
더 호감을 느낄 수 있어요.

절대 자존심 때문에
사랑을 놓치지 마세요.

EPISODE 9

남자가
먼저 흔들어놓고 떠나는 이유

대부분 남자가 떠나는 이유는
여자의 반응이 미미하기 때문이에요.

예를 들어 두 사람이 대화하고 있는 동안
남자는 계속 대화를 이끌어나가려고
주제를 계속해서 만들어내고 있는데

여자의 반응이 약하거나
계속 대화를 끊어버리려고 하면
남자가 쉽게 지쳐서 포기해버리는 거예요.

남자가 여자에게 밥을 먹었느냐고 물어보면
여자도 남자에게 밥을 먹었느냐고 물어볼 수 있는 것처럼
충분히 대화 내용을 이어나갈 수 있는데 그렇지 않으니까

여자가 자신에게 관심이 없는 줄 알고
남자는 연락을 끊어버리는 거예요.

물론 포기 안 하는, 집념의 남자들도 있겠죠.
그런 남자는 정말 대단한 거예요.
웹툰 〈연애혁명〉의 공주영이 찬양을 받는 이유인 거죠.

그런 말이 있어요. 썸일 때나 연애할 때
남자가 기자가 되고
여자가 연예인이 되면
그 관계는 오랫동안 지속되기
힘들 것이라고.

남자는 계속 질문만 던지고,
여자는 계속 답만 던지고.

만약 상대방이 마음에 든다면
상대의 말에 조금 더 반응해주고
대화를 이어나가보세요.
괜히 밀당한답시고 튕기지 말고요.

연애할 때도 조심해야 할
밀당을 썸일 때 한다?
호감이 간다면 밀당하지 마세요.

CHAPTER 2

내 남친님아, 널 이해하고 싶어

EPISODE 10

남자친구는 여자친구가
무엇을 하든 예뻐 보인다

남자는 여자친구한테 푹 빠지기 시작하면
자기 여자친구는 무조건 미인인 줄 알아요.
누가 봐도 객관적으로 못생겼다고 할지언정
자기한테는 예쁘게 보여요.

남자들이 갑작스럽게 집 앞으로 찾아가면
여자들이 화내는 경우 있잖아요?

하지만 남자들은 이해가 안 되는 게
당신이 쌩얼이어도, 눈곱이 껴도,
이에 고춧가루가 껴도, 되게 사랑스러워 보여요.

왜?
여자친구니까.

목소리가 막 남자처럼 걸걸해도
중저음 보이스가 멋진 여자가 되고

키가 엄청나게 커서 콤플렉스여도
모델 같은 여자가 되고

키가 너무 작더라도
아담하고 귀여운 여자가 되고

뚱뚱하더라도
귀여운 기니피그가 되는

마법을 보여줄 거예요.
외모뿐만 아니라 내면도 마찬가지입니다.

공부를 못해도 무식한 여자가 아니라
백치미 있는 귀여운 여자가 되고

덜렁대도 칠칠찮은 여자가 아니라
내가 챙겨주고 싶어지는 여자가 되는,

그래서 여자가 사랑을 받으면 예뻐진다는 말이
괜히 나온 말이 아니에요.

당신 스스로 부족한 점이 많다고 느끼더라도
남자가 좋아하고 사랑한다면
당신의 단점을 장점으로 바꿔서 볼 거예요.

사랑받는 여자가 되세요.
나쁜 남자 만나지 말고.

EPISODE 11

남자가 돈 없으면
데이트를 못 한다고 생각하는 이유

많은 여자가 답답해하는 것 중 하나예요.

남자는 단순하기도 하지만
그만큼 자존심이 세기도 해요.

지나가다가 펀치 기계를 친다든가
누군가에게 시비가 붙으면 같이 싸운다든가
평소에는 무시했을 상황을 화내면서 악화시킨다든가

이런 행동들은 다 자존심이 세서 그러는 거예요.

이처럼 자존심이 센 남자는
어디서 들은 건지 모르겠는데
어디서 배운 건지 모르겠는데

'데이트 비용은 남자가 내야 한다'라는
인식이 박혀 있어요.
그것이 당연하다 여기고,
그것이 자신의 자존심을 살린다고 생각하는 거죠.

'밥 값은 내가 내야 해.'
'영화 값은 내가 내야 해.'
'커피 값은 내가 내야 해.'
'데이트 비용은 내가 내야 해.'

더치페이를 자존심 상하는 것으로
생각하는 경우가 많아요.

내 여자친구를 책임진다는 것은
혼자 외롭지 않게
끙끙 앓지 않고 고민을 털어놓을 수 있게,
기쁜 일도 슬픈 일도 같이 함께 해주고
사랑하는 것인데

무조건 돈으로 무언가를 해주는 것이
의무라고 생각을 하는 것이에요.
그래서 남자들은 돈이 없으면 데이트를 못 한다고
거절을 자주 하게 돼요.

데이트는 같이하는 것이에요.

사랑 앞에서 자존심 따지지 말고
더치페이를 하세요.
가끔은 여자친구한테 기대세요.

EPISODE 12
남자친구가
질투를 안 하는 이유

일단 두 가지 경우로 나뉘어요.

첫째, 진심으로 좋아하지 않는 경우

여자친구를 좋아하지 않으면
질투를 느낄 이유가 없어요.

왜?
여자친구한테 관심이 없으니까.

여자친구가 다른 남자랑 연락하든 밥을 먹든
영화를 보든 상관이 없어요.
다른 남자한테 넘어가든 말든 신경을 안 쓰는 거예요.
그냥 헤어지면 된다고 생각하기 때문인 거죠.

둘째, 진심으로 좋아하는 경우

진심으로 좋아하는 경우도 질투를 안 해요.
아니 못 하는 거예요. 이런 경우가 정말 많아요.

질투했다가 괜히
속 좁은 놈으로 보일까 봐,
정말 좋아하고 사랑하니까,
여자친구가 무엇을 하든 배려해주는 거예요.

다른 남자랑 연락해도? 이유가 있겠거니.
다른 남자랑 밥을 먹어도? 배가 고팠겠거니.
다른 남자랑 영화를 봐도? 보고 싶었겠거니.

정말 좋아하니까 화를 못 내서
질투를 안 하고 배려하는 경우예요.

여자들은 때때로
질투로 사랑을 확인하는 경우가 많아요.

여자친구를 진심으로 좋아한다면
가끔은 귀여운 질투를 보여주세요.

물론, 질투를 보여주라고 했지
분노하라고 하진 않았어요.

귀여운 질투는 좋아한다는 증거가 되겠지만
분노는 당신을 정말
속 좁은 놈으로 만들 거예요.

EPISODE 13

남자친구가
쌩얼이 예쁘다는데
진심인가요?

대부분의 남자는 여자친구의 쌩얼이
못생겼다고 생각하지 않아요.

사실 여자친구가 쌩얼이든
여자친구 이에 고춧가루가 꼈든
여자친구 입술에 음식이 묻었든
여자친구가 머리를 안 감았든
상관없어요. 다 예뻐 보여요.

왜?
여자친구니까.

대부분의 여자는 남자친구에게
쌩얼 보여주기 되게 싫어할 거예요.
못생겼다고 실망하면 어쩌나 하는 마음에,
그리고 한순간이라도 더
예뻐 보이고 싶은 마음이니까.

여자들은 남자들이 자신의 쌩얼을 보면
전후 차이가 심해서
정떨어질 거라고 생각하지만,

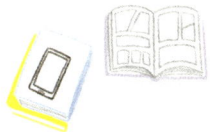

남자들은 여자친구의 쌩얼을 봤을 때
외모가 예쁘고 못생김을 떠나서
여자친구의 순둥순둥하고 수수한,
또 다른 모습을 볼 수 있으니까
귀엽다는 감정을 더 많이 느껴요.

남자들은 처음에 콩깍지가 씌어요.
그 콩깍지 때 모든 걸 보여주세요.

나중에 콩깍지 벗겨지고 보여주는 것보다
미리 보여줘서 예쁘다고
머릿속에 박히게 해버리세요.

EPISODE 14

남자가 눈치 없는 이유

남자는 여자와 달리 감성적이기보다는 이성적이고
복잡하기보다는 단순하고 직설적이에요.

말 그대로를 믿고, 행동 그대로를 믿어요.
말과 행동에 의미 부여를 잘 하지 않아요.

예를 들어, 싸우면 여자가
연락하지 말라고 하는 경우가 많은데
남자는 진짜 연락을 안 해요.

왜?

화났는데 연락하면 더 화날까 봐.
괜히 하지 말란 짓 하면 더 화날까 봐.
나 때문에 화가 났으니까
내가 없으면 화가 더 빨리 풀릴까 봐.

미안해서 여자가 원하는 대로 하는 거예요.
정확히 말하면 여자가 말한 그대로를 실천하는 거예요.

정작 여자는 연락하지 말라고 말했어도
어느 정도 시간이 지난 뒤엔 연락해서 기분을 풀어줬으면…
적당한 애교도 좀 부려줬으면…
진심 어린 사과를 계속해줬으면… 하는 마음인데

남자가 눈치 없이 진짜 연락을 안 하니까
더 화나고 답답해하는 거예요.

물론 남자도 답답하죠.

'그냥 연락하라고 말하지.'
'그냥 사과해달라고 말하지.'
'그냥 애교 부려달라고 말하지.'

왜 돌려 말하는 건지 이해가 안 되는 거예요.
정작 여자는 엎드려 절받기 같아서
돌려 말한 건데…

**연애하면서 절대
자존심을 세워서는 안 돼요.
조금만 더 솔직하게 말해보세요.**

엎드려 절받기가 아니라
남자는 진짜 미안해서 말 그대로를
믿을 수밖에 없어서 그러는 거니까요.

EPISODE 15
남자가
잔소리나 다툼을
회피하는 이유

잔소리를 듣는 경우는
대부분 남자가 잘못해서일 거예요.

여자는
남자가 고쳐주길 바라는 마음으로
다음부터 안 그랬으면 하는 마음으로

굳이 힘들게 감정 낭비를
할 필요가 없는데도 불구하고
잔소리를 하고 결국 다투는 것인데

반면 남자는
굳이 잔소리하거나 싸우지 않아도

충분히 자기가 무엇을 잘못했는지
알기만 하면 알아서 고칠 건데

'왜 사이 안 좋아지게 잔소리나 다툼을 하는 거지?' 하는
생각을 하게 돼요.

만나서 싸울 시간에 잔소리나 다툼을 멈추고
더 좋은 시간을 보내는 게 효율적인데
왜 그러는지 이해가 안 가는 거예요.

여자는 충분히 대화를 함으로써
어떤 점이 잘못됐는지 서로의 생각을 말하고
앞으로는 잘못을 하지 말아줬으면 하는 마음으로
힘들어도 대화를 하려고 하는 것인데

**남자가 그걸 몰라주니까
서운하고 더 화가 나는 거예요.**

그럴수록 연인 사이에
대화가 줄어들면 안 돼요.

끊임없이 대화하고 맞춰주고
배려하고 양보하고
그러면서 사랑을 나누는 게 연인이에요.

그러니 귀찮더라도,
비효율적이라고 생각을 해도
더 나은 관계를 위한
대화를 피하지 마세요.

EPISODE 16

전 여친과
비교하는 남자친구?

현 여친에게 전 여친은
어떻게 보면 경계해야 할 대상 1호인데,
남자가 그 대상과 비교를 한다?

지금 여자친구와 사귀는 사이지만
아직도 전 여자친구한테
미련이 남고 마음이 가니까

지금의 여자친구에게서
전 여자친구의 모습을 찾으려는 거예요.

남녀 불문하고 전 애인의 모습을
현 애인에게 비교하고 강요하는 건
연인 사이에 절대로 해서는
안 될 짓이라고 생각해요.

하지만 예외는 있어요.
여자가 먼저 남자한테 물어봐서
남자가 그에 대해 답변을 해준 거라면
해당되지 않아요.

그러나 일상생활에서 툭툭 던지듯이
사소한 부분에서 누구는 그랬다며 얘기한다면
남친이 자신을 더 좋아하게 만들거나
아니면 헤어지세요.

**비교와 강요는, 연애도 사랑도 아니에요.
그냥 이기적인 혼자만의 망상인 거지.**

이기적인 망상에 빠진 사람들은
새로운 사람을 만날 자격이 없어요.
물론 이런 사람을 만나고 있는 사람도
상처받을 이유가 전혀 없고요.

비교와 강요는,
연애도 사랑도
아니에요.

그   냥
이 기 적 인
혼 자 만 의
망상인 거지.

EPISODE 17
게임할 때
답장학 개론

남자든 여자든 대부분 게임을 좋아할 겁니다.
모바일게임이 됐든, PC게임이 됐든.

스트레스를 풀기 위해서 게임을 하기도 하고
만족감을 얻기 위해서 게임을 하기도 하고
사람들과 커뮤니케이션 하기 위해 게임을 하는 때도 있습니다.

그렇다면 내 남자친구가
게임을 하는 도중 답장이 없으면
나한테 관심이 없는 건가요?

네, 관심 없는 게 맞습니다.

답장이 늦는 것이 아닌
답장이 오지 않을 때는
관심이 없는 게 맞습니다.

게임할 때 답장 좀 해달라고 부탁을 했을 경우에는
더더욱 확실하게 관심이 없는 게 맞습니다.

그러나 답장할 수 없는 상황일 수도 있습니다.

예를 들어,
롤을 할 때 미니언을 먹는다든가
버프몹을 먹는다든가 한타를 한다든가
서든을 할 때 폭탄 설치를 한다든가 점령을 한다든가
보급에서 숏을 째고 있는데 패스를 외친다든가 등
긴박한 상황에서는 답장을 못 할 수 있습니다.

이렇게 답장할 수 없는 상황도 있지만
사실은 답장할 수 있는 상황도 많습니다.

게임 캐릭터가 죽었을 때, 게임 로딩 시간에,
혹은 게임이 끝나고 다음 게임을 잡을 때
답장할 시간은 있습니다.

게임을 할 때 답장이 느리다고 해서
게임을 여자친구보다
우선순위로 여기는 것이 아니라
그냥 단순하게 집중하느라 그런 겁니다.

물론 그렇다고 섭섭해하지 말란 건 아니에요.
섭섭할 수 있으나 조금은 이해해줘야 한다는 거예요.

게임하는 도중에
칼답을 한다면 퍼펙트.

칼답은 아니지만
답장을 한다면 보통.

게임을 하는 도중
한 번도 답장을 안 한다면
관심이 없을 확률이 높습니다.

게임을 할 때 답장하는 건
정말 어려운 일입니다.

그런데도 답장을 잘 하는 남자친구라면
그만큼 여자를 좋아한다는 증거입니다.

EPISODE 18

질투가 심한 남자는
왜 그런가요?

크게 두 가지로 나뉘어요.

**첫 번째로 질투가 심한 남자들의
대부분은 전 여자친구한테 크게 한번
데인 적이 있는 경우예요.**

과거에 상처를 받았기에 그게 또 되풀이될까 봐
두렵고 무섭기 때문이에요.

그리고 과거의 상처 때문에
경험에 우러나오는 망상 때문에
상상이 망상이 되고 망상이 의심이 되는 과정을 겪어요.

두 번째로 여자친구가 너무 예쁘기 때문에
질투가 심한 거예요.

사실 내 여자친구가 못생겼다고 생각하면
질투도 안 해요.
물론 여자친구가 못생겼단 남자는 없겠지만
나보다 상대적으로 외모가 뛰어난
여자친구를 두었을 때 질투가 심해져요.

다른 남자가 내 여자친구 외모를 보고
너무 예뻐서 접근할까 봐,
번호라도 물어볼까 봐.
이런 걱정 때문에 질투가 심해져요.

다른 남자가 내 여자친구에게 호감을 느낀다든가
이성으로서 매력을 느낀다든가
좋아한다는 것 자체가
정말 짜증 나고 화가 나는 거예요.

연애하면서 질투를 하는 것은
좋아하기 때문에 어쩔 수 없이 그러는 것이지
고의로 여자친구에게 압박감을 주거나
싸우고 싶기 때문이 아니에요.

그러니 적당한 질투는 이해해주세요.
그러나 과한 질투는
집착이 되어서 잘못된 방법으로 표출될 수 있어요.
뭐든지 '적당히'가 좋아요.

EPISODE 19
전 여친 페이스북에 '좋아요'를 누르는 이유

대부분의 남자는 굉장히 단순해서
모든 것에 의미 부여를 하지 않아요.

전 여친 게시물에 '좋아요'를 누른다고
다시 마음이 생겼다든가, 다시 예뻐 보인다든가
전혀 그런 게 없어요.

그냥 스크롤을 내리다가 전 여친이 올린 사진이 있었고
'좋아요'를 눌렀는데, '좋아요'를 눌렀다고 해서
전 여친한테 다시 감정이 생긴 게 아니라
그 게시물에 사진이 잘 나왔다든가
공감되는 내용이 있다든가
아니면 재밌어 보여서 혹은 부러워서 누른 거예요.

아니면 실수로 누르는 때도 있어요.

페이스북을 하다가
아래에서 위로 스와이프 했는데
렉이 순간적으로 걸려서 터치로 인식하게 되고
'좋아요' 버튼이 눌러지는 경우가 있어요.

그만큼 '좋아요'에 의미 부여를 하지 않아요.

물론 '좋아요'에 의미 부여를 해서
썸씽을 만들거나
접근하는 방법이 될 수도 있는데,
대부분의 남자는 신경도 안 쓴다고요.

아! 물론 이건 여자친구가 있는 남자들한테 해당하는 거고

여자친구가 없는 상태에서 눌렀다면
"왜 '좋아요' 눌렀어?"라는
페이스북 메시지를
기대하고 있을 거예요.

EPISODE 20

여자는 변했다고 느끼지만
남자는 아니라고 하는 경우

여자와 남자가 변했다고 느끼는 기준은 달라요.

여자들 관점에서 변했다고 느낄 때는
연락 속도가 느려진다든가 애정 표현이 줄어든다든가
자기를 귀찮아한다든가 자주 안 만난다든가 등
사소한 행동이 달라졌을 때이고

남자들 관점에서 변했다고 느낄 때는
다른 여자를 좋아한다든가
자기 여자친구를 이제는 안 좋아한다는 등
행동이 아니라 마음이 달라진 경우예요.

보통 여자들은 남자의 변화를
연락 속도에서 많이 느껴요.
처음에는 남자가 연락이 빨랐다가
시간이 지날수록 느려지니까 변했다고 느껴요.

하지만 남자 관점에서는 마음이 변해서
연락이 느려진 것이 아니라
여자친구를 처음 만났을 때는 할 말이 많았다가
시간이 지날수록 할 말이 사라지는 거예요.

좋아하는 음식은 무엇인지
좋아하는 이상형은 무엇인지
좋아하는 영화 장르는 무엇인지
무슨 취미를 가졌는지 등

여자친구에 대해 궁금한 것이 많으니까 할 말도 많고
그로 인해서 카톡도 자주 하게 되는 것인데

시간이 지나면서 여자친구에 관해
많은 것을 알고 있으니까
할 말이 줄어들고
카톡도 줄어들게 되는 것이에요.

처음에 남자가 여자에게 구애하기 위해
무리를 했다면
지금은 자신의 생활 패턴을
찾으려고 하는 것이에요.

이때 여자에게 배려를 구해야 하는데
그런 것 없이 갑자기 바뀌어 버리니까
여자들 처지에서는 마음이 식은 줄 알고
변했다고 느끼는 것이죠.

그렇다고 남자들이 계속해서 무리할 수는 없으니
이제는 방식을 바꿔야 해요.

이젠 여자친구에게
질문을 던지는 게 아니라
걱정을 해줘야 할 때예요.

무슨 음식이 좋으냐고 물어보는 것이 아니라
밥은 먹었는지 걱정을 해야 하고
무엇을 하는지 물어보는 게 아니라
오늘 하루는 어땠는지 걱정을 해줘야 해요.

처음부터 무리하지 말고
시간이 지나면 지날수록
더 사랑하게 됐다는
증거를 보여주세요.

EPISODE 21
여자친구를 좋아하지 않는데 사귀는 경우

세 가지 경우로 나뉠 수 있어요.

**첫째, 지금은 안 좋아하지만
시간이 지나면 좋아질 거라고 믿는 경우**

이 경우에는 남자 대부분이 미안한 마음에
어쩔 수 없이 여자 고백을 받아준 상황이 많을 거예요.
하지만 끝은 좋을 수가 없어요.

남자는 쉽게 변하지 않아요.
처음 좋지 않았던 사람이
시간이 지나면서 좋아지는 경우는 극히 드물어요.

드라마나 영화를 보면서
로맨스를 꿈꾸지 마세요.
일방적으로 주는 사랑은
사랑이 아니에요.

둘째, 이별을 통보하면 나쁜 놈이 되니까
이별을 기다리는 경우

이 경우에는 대부분 남자가 고백하고 나서
마음이 달라졌다든가
쉽게 여자를 질려한다든가
설렘에 속아 넘어간 경우가 많아요.

이때 남자는 자신이 이별을 통보하면
나쁜 놈이 되니까
이별을 통보받을 때까지 기다려요.
이건 자신을 좋아하고 사랑해주는 사람을
고문시키는 것이에요.

싫으면 싫다, 좋으면 좋다
확실하게 표현하세요.
미안함 혹은 평판 때문에
이별을 괜히 상대방에게 미루지 말고.

셋째, 공허함이나 외로움을
채우기 위해 사귀는 경우

이건 본인을 좋아해주고 사랑해주는 여자를
자신의 공허함과 외로움을 채우기 위한
도구로 사용하는 것에 불과해요.

어느 누구도 감정을 채우기 위한 도구로
사용돼야 할 이유는 없어요.

그러니 자신의 공허함이나
외로움을 채우기 위해
절대 누군가를 이용하지 마세요.

싫으면 싫다
좋으면 좋다
확실하게
표현하세요.

미안함 혹은
평판 때문에
이별을 괜히
상대에게
미루지 말고.

CHAPTER 3

이젠 전 남친이 되어버린 그놈의 심리

EPISODE 22

남자들이
시간을 갖자고
하는 이유

"시간을 갖자"라고 말하는 게
사귀는 동안 잠깐 만나지 말자는 뜻일 때도 있지만,
남자는 화가 났거나 싸웠을 때도
잠깐 시간을 갖자고 하는 경우가 있어요.

이때는 헤어지기 위해
시간을 갖자고 하는 게 아니에요.

내가 지금 화가 났는데
이 사람과 계속 마주하고 있으면
혹여나 이성적인 판단을 못 하고
홧김에 심한 말을 할까 봐.

지금 이 짧은 시간 안에 무언가를
생각하기 힘들 정도로
머리가 너무 복잡하니까.

시간이 좀 지나서 화가 좀 가라앉거나
상황에서 벗어나 마음이 좀 가라앉게 되면
좀 더 이성적이고 좋은 판단을 할 수 있으니까.

그래서 시간을 갖자고 하는 경우가 많아요.

혹은 이 사람한테 확신을 받고 싶은 때도 있어요.

'내가 이 사람한테 중요한 사람이 아닌가?'
'이 사람한테 사랑받는 게 맞는 건가?'
'이 사람은 내가 귀찮은 건가?'
'나는 그저 짐 덩어리에 불과한가?'

그런 생각 때문에 권태기가 오고
시간을 갖자고 하는 경우가 있어요.

물론 이별을 위한 경우도 있긴 있어요.

차마 미안해서 이별을 말하지 못하니까
시간을 갖자고 하고
마음의 준비를 다 한 다음에
헤어지자고 하는 경우가 있어요.

그런 식으로 시간 갖자고 하면서
상대방 맥 다 빠지게 하고
정리는 혼자 다 끝낸 다음에
헤어지자고 하는 놈은
사랑받을 자격 없어요.

EPISODE 23

남자는
왜 한순간에 변하나요?

"한 시간 전에 사랑한다더니
싸우자마자 헤어지자는 경우처럼
남자는 왜 한순간에 변하나요?"

두 가지의 경우가 있어요.

**첫 번째로 여자의 예전 행동 때문에
자주 싸운 경우예요.**

여자가 계속 억지를 부린다든가
똑같은 잘못을 계속한다든가 등으로 자주 싸우게 되면
남자는 점점 마음이 멀어지고 있는데
또 싸우니까, 이건 아니다 싶어서 헤어지자고 하는 거예요.

무의식적으로 여자의 행동이나 억지 때문에
마음이 멀어지고 있었는데
스스로에게 '아닐 거야'라고 합리화하면서
"사랑해"를 계속 외치고 있었던 거죠.

진짜로 사랑은 하지만 이 문제가 계속 반복되면
도저히 연인관계를 유지 못 하겠다고 판단해서
헤어지자고 하는 거예요.

혹은 사랑한단 이유 하나만으로
여자의 잘못을 모두 수용하려고 했는데
선을 넘은 행동을 해서 헤어지자고 하는 거예요.

두 번째로 만약 자주 싸우지도 않았는데
갑자기 헤어지자고 하는 경우라면

그냥 "사랑해"란 말을 헤프게 사용하는 사람이거나
싸웠을 때 해결 방안을 모색하여
상대방과 인연을 계속 유지하려는 것이 아닌

EPISODE 24

헤어질 때
더 좋은 남자
만나라는 건
무슨
의미인가요?

제일 어이없는 말 아닌가요?

여자가 좋아하고 의지하고
사랑하는 남자가 지금 남자친구인데,
헤어지자는 이유가
'더 좋은 남자를 만났으면 해서' 라고요?

여자가 제일 좋아하는 남자는 지금의 남자친구고
여자가 제일 의지하는 남자는 지금의 남자친구고
여자가 제일 사랑하는 남자는 지금의 남자친구고
여자가 제일 곁에 있어 주면 좋겠다는 사람은

지금의 남자친구예요.

근데 더 좋은 남자를 만나라는 이유로
헤어지자고 한다고요?

둘 중 하나예요.

새벽이나 늦은 밤 감수성 터질 때
자신의 단점이 두드러져 보이고
안 그래도 낮은 자존감에 새벽 감수성이 더해지면
자신감이 바닥으로 추락하게 되는 거죠.

새벽뿐만이 아니라
갑자기 감수성이 터지면
이런 망상을 하는 남자들이 있어요.

정작 여자가 좋아하는 사람이
자신인 걸 잊고 말이죠.

그리고 나서 후회 안 할 것처럼 헤어지자고 하더니
막상 헤어지고 나면 후회가 미친 듯이 몰려와요.

기억하세요. 여자가 좋아하고 사랑하고
의지하고 함께하고 싶은 사람은
곁에 있는 지금의 남자친구예요.

후회하지 않는 나머지 경우도 있죠.

여자친구가 질려서 헤어질 구실은 잡고 싶고
근데 헤어질 구실은 없으니
멋진 척하면서 핑계 대는 경우.

멋진 척, 덜 나쁜 놈 되기 위해서 포장하지 마세요.
그냥 솔직히 말하세요.

EPISODE 25

여자친구와 헤어지고 난 뒤,
남자의 마음 변화

우선 남자가 여자친구랑 헤어졌다는 건
둘 중 하나겠죠? 차이거나, 차거나.

남자가 여자한테 이별을 고한 경우,
처음에는 무덤덤한 것을 넘어 홀가분합니다.

원래 속박에서 풀려난 뒤
찾아온 자유가 더 달콤한 법이니까요.

게임할 때 눈치 안 봐도 되고,
휴대전화도 온종일 붙잡고 있지 않아도 되고,
돈 들어갈 것도 없으니 게임 현질을 할 수도 있고,
통금 허락도 필요 없어지게 돼요.

그러다 시간이 어느 정도 지나면
서서히 허전해지기 시작해요.

밥을 먹든 볼일을 보든 게임을 하든,
무엇을 하든 간에 허전해요.
항상 오던 안부 전화와 달달한 카톡,
날 걱정하던 그 한마디가 없어져 버리니까
허전함을 넘어 공허함을 느끼기 시작해요.

만약 이때 헤어졌던 여자친구와
다시 만나면 안 됩니다.

여자친구에게 미안해서,
여자친구가 다시 좋아져서 사귀는 게 아니라
허전함과 공허함을 채우기 위해서
누군가가 필요한 것이기 때문에
이때 재결합하면 안 됩니다.

시간이 많이 흐르게 되면
공허함을 넘어
그리워지기 시작합니다.

서로 주고받던 애정 넘치던 카톡 대화가…
자기 전에 잘 자라고 해줬던 굿나잇 인사가…
늦어서 위험하다고 바래다주던 집 앞 골목이…

모든 게 그리워 미쳐 죽어버리고 싶어지는 거죠.

남자가 여자에게 차인 경우에는
저 순서를 거꾸로 겪습니다.

처음에는 그리워서 힘들어 해요.
하지만 그리움이 허전함으로 바뀌고
홀가분함을 느끼게 되는 거죠.

찬 놈보다 차인 놈이 발 뻗고 잔다는 얘기가
괜히 나온 게 아니에요.

뒤늦게 후회하지 말고
헤어지자는 말은 열 번 더
곱씹어서 생각해보세요.

EPISODE 26

전 남친이 새로운 여자친구를 바로 사귀는 이유

세 가지 경우로 나뉘어요.

첫째, 전 여자친구가 보란 듯이 사귀는 경우

굉장히 안 좋게 헤어졌거나,
여자가 일방적으로 헤어짐을 강요했다면

자신과 헤어진 걸 땅을 치고 후회하게 만들려고,
복수의 감정으로 새로운 여자를 만나는 거예요.

예를 들어, 헤어지고 전 여친의 친구와 사귄다든가
페이스북에 연애 중을 바로 띄운다든가
아니면 SNS에 '여자 소개'해달라는 문구를
적는다든가 하는 행동을 해요.

둘째, 전 여자친구를 잊으려고 만난 경우

새로운 여자를 만나면 전 여자친구를
잊을 수 있을까 봐 만나는 경우예요.

하지만 전 여자친구를 잊지 못하게 되면
새로운 여자친구에게서
전 애인의 모습을 찾으려고 한다든가
새로운 여자친구에게 전 애인과
비슷한 행동이나 반응을 강요하는 등

새로운 여자친구를
전 여자친구를 잊기 위한
도구로써 만나게 되고
결국, 상처를 주게 돼요.

셋째, 전 여자친구를 잊을 시간조차
필요 없을 정도로 깊게 사랑하지 않은 경우

환승에 정해진 기한은 없지만 비상식적으로
짧은 시간 안에 새로운 여자를 만났다면
그 남자는 전 여친과 함께했던 시간이
진심이 아니었을 가능성이 커요.

언제든지 다른 사람에 갈 준비가
이미 되어있었다는 뜻이니까요.
심지어 사귀고 있는 동안 다른 여자와
연락을 하고 있었을 수도 있어요.

새로운 만남을 가질 때
어느 정도의 공백기를 둬야 한다고
명확히 날짜를 규정할 수는 없어요.

하지만 진심으로 사랑했던 사람이었다면
최소한의 예의는 지켜주는 게 맞아요.

EPISODE 27
헤어진 남자친구가
페이스북을 차단하는 이유

세 가지 경우로 나뉘어요.

첫째, 남자 스스로가 잘못해서 헤어졌을 경우

자신이 게시글을 올리거나
댓글 단 것을 보고 헤어진 여자친구가 욕할까 봐
괜히 두렵고 찔려서 차단하는 경우예요.

둘째, 여자가 잘못해서 헤어졌을 경우

페이스북 뉴스피드에 전 여자친구의 게시물이나
활동 소식 등 그냥 소식만 보이면 화가 나는 거예요.

본인이 잘못해서 헤어져 놓고
페이스북에 아무렇지 않은 척
글 올리고, 댓글 달고 하는 것들이
너무 배 아프고 싫어서 차단하는 경우예요.

셋째, 여자를 아직도 좋아하는데 헤어졌을 경우

잊기 위해서 차단을 하는 거예요.
내가 차단하지 않으면 자제력을 잃어서
헤어진 여자친구의 페이스북을 스토킹할까 봐.

헤어진 여자친구의 소식이
페이스북에 보일 때마다
힘들고 못 잊을 것 같아서,
그래서 차단하는 경우예요.

'잊어야지'를 매일 반복해도
감수성이 풍부한 새벽 시간만 되면
헤어진 여자친구의 페이스북에 들어가
게시글을 살펴보고 힘들어하는 경우가 많아요.

같이 찍었던 사진이 올라갔었던 곳이고
같이 봤던 영화 티켓 사진이 올라갔었던 곳이고
같이 먹었던 음식 사진이 올라갔었던 곳이고

때로는 하트를 날리기도
때로는 잘 자라고 굿나잇 인사를 했던 곳인데

이제는 댓글 달기도
'좋아요' 누르기도
어정쩡한 사이로 남아버렸으니까
차단하는 거예요.

여자는 소심하게 보겠지만
남자는 그게 제일 나은 방법이라고 생각하는 거예요.

EPISODE 28

헤어지고 난 뒤, 친구가 될 수 없다?

남자는 정말 좋아했던 여자친구와
헤어지고 난 뒤에는
절대 친구가 될 수 없어요.

전 애인을 보면 사귀면서 했던 달달한 애정 표현이
전 애인을 보면 행복했던 데이트가
전 애인을 보면 함께 나누었던 스킨십이
전 애인을 보면 많이 싸우기도 했고 화해하기도 했던

그 기억들이 떠올라요.
언제? 전 애인의 얼굴을 보기만 해도.

그런데도 헤어지고 난 뒤에
친구가 될 수 있다면 둘 중 하나예요.

좋아하는 상태로 헤어졌다면
아직도 여자로 느끼고 있는 거고,
여자가 잘못해서 헤어졌다면
나쁜 사람으로 볼 수 있어요.

50%의 확률로
여자로 느끼거나
또는 나쁜 사람인 경우로 나뉘어요.

서로를 이성으로 바라보고
사랑을 나누었던 두 사람이
친구가 될 수 있다는 것은
마음이 깊지 않았던 연애를 했을 때예요.

물론 친구인 척하는 경우도 있어요.
아무 감정 없이 친구로 지내는 척이라도 해야지
연락이라도 하고 얼굴이라도
한 번 더 볼 수 있으니까.

아직도 좋아한다고 했다가
괜히 어색해져서 연락도 못 하고
얼굴도 못 볼 수 있으니까.

헤어졌다고 해서 그전에 있었던 감정들이
싹 정리되는 게 아니에요.
그렇지만 이미 연인 사이는 끝난 거예요.

좋은 이별은 없어요.

아직도 서로 좋아하는 마음을 가지고 있다면
사귀지 왜 헤어지겠어요?

도대체 남자들은 왜 그러는 걸까?

EPISODE 29
잔다면서
페북하는 남친

사실 잔다고 카톡을 보내놓고
더 늦게 잔다고 해서
몰래 나가 논다든가
몰래 누굴 만나는 건 드물어요.

물론 분리수거도 안 되는
극소수의 쓰레기들이 있겠지만…

"더는 여자친구를 좋아하지 않아!"
"카톡 하기 싫어!"
이런 의도를 가진 남자는 거의 없어요.

잔다고 카톡은 보내 놨지만
그때부터 하루 일과 마무리를
시작하는 거예요.

롤드컵 영상을 보고 잔다든가
오늘 업데이트된 웹툰을 본다든가
페이스북을 한번 훑는다든가
유튜브에 재밌는 영상을 본다든가 등

잔다고 카톡하고 바로 자는 것이 아니라
자려고 카톡하고 누웠는데
잠이 안 오니까 잠깐 시간 내서
하루를 마무리하는 거예요.

사실 잠이 안 와서
잠깐 짬을 내서 웹툰 보다가
다시 안 잔다고 카톡 보내기 애매하니까
안 잔다고 연락을 안 하는 거예요.

잔다고 카톡하고 늦게 잔다고 해서
감정이 식었거나 그런 건 아니에요.

물론,
혼자 하얗게
불태우는 때도
있겠지만요….

EPISODE 30
여자와 남자 사이에 친구가 될 수 있나요?

물론 될 수는 있어요.
그러나 친구가 아닌 애인 사이로 발전할 수도 있어요.

한 사람이라도 호감을 느끼기 시작한다면
그건 더는 친구 관계가 아닌
한쪽이 짝사랑하는 관계가 되는 거예요.

예를 들어 자주 만나거나
자주 챙겨주거나
자주 연락하거나
자주 놀러 가거나 하는데
서로 애인이 없는 상태라면
친구에서 연인이 될 확률이 정말 높아요.

그러나 둘 중 한 명이 애인이 있는데도 불구하고
심지어 그 애인이 싫다고 했는데도 불구하고
지속해서 연락한다든가 만나는 경우는
친구라는 잣대를 가지고 있지만 친구가 아닌 거예요.

친구의 행복을 빌어줘야지
애인과 갈등을 심화시키는 데
앞장서면 안 되잖아요?

대부분 남자는 자주 연락하거나 자주 만나다 보면
여사친이 여자친구가 될 수 있는데
여자는 친구와 남자,
그 경계가 딱딱 나뉜 경우가 많아요.

그래서 여자는 친구로 느끼지만
남자는 호감을 가진,
이런 관계가 돼버려서 친구 관계를
유지 못 하는 경우가 있어요.

고백했다가 차여서
친구조차도 못 되거나
아니면 두 사람 다 같은 감정의 온도로
친구 관계를 잘 유지할 수도 있겠죠.

하지만 둘 다 애인이 없는
여자와 남자 사이라면
언제든지 연인 관계로
발전할 수 있다는 거예요.

EPISODE 31

오래된 전 남자친구가
다시 잡는 이유

'여자는 감성적이고 남자는 이성적이다'라는
말이 있어요. 이 말이 조금 잘못된 게
남자가 여자보다 훨씬 감수성이 풍부할 때가 많아요.

여자는 현재에 충실하다면
남자는 과거에 충실해요.
남자는 추억에서 쉽게 헤어나올 수가 없어요.

헤어진 지 오래된 전 남자친구가 다시 연락하는 것은
아주 잠깐의 감수성 혹은 추억에 빠져서
연락하는 경우가 많아요.

감수성이나 추억에 빠진 남자가 연락하는 경우는
잠시예요, 아주 잠깐. 이런 경우
남자가 다시 연락을 끊는 경우가 정말 많아요.

또 다른 경우는 새로운 사람을 만나는 과정이
귀찮고 힘들기 때문이에요.

전 여자친구에 대해서는 이미 모든 것을 다 알고 있으니
어색함도 거리낌도 없이 편하고 좋은데,

새로운 사람을 만나면 또다시
어색한 연락을 주고받으며 썸을 타야 하고
어떤 성격인지, 무엇을 좋아하는지 알아가야 하니

신경을 곤두세워 서로를 탐색해야 하는,
이 과정을 다시 겪기가 힘들고 귀찮아서
그래서 전 여자친구한테 연락하는 때가 있어요.

헤어진 이유가 권태기였는데,
설렘에 속아 익숙함을 배신했는데
이제 와서 다시 익숙함을 찾는 경우죠.

아니면 외로워서 연락하는 때도 있어요.
오래된 전 남자친구가 다시 연락할 때는
받아주지 마세요.

EPISODE 32

남자들은
좋아한 사람과 좋아해줬던 사람,
누굴 더 못 잊나요?

여기서 못 잊는다는 뜻은
좋아하는 감정이 남아있거나
종종 생각나는 경우를 말해요.

생각나기는 둘 다 생각날 거예요.
가끔씩 은은하게 향수처럼…

나를 가장 좋아해줬던 사람,
내가 가장 좋아했던 사람.
수식어 그 자체만으로도
정말 의미 있는 사람이니까요.

사실 남자마다 다르겠지만
대부분은 자신이
가장 좋아했던 사람을 더 못 잊어요.

가장 좋아했던 사람을 못 잊는 이유는
예전에 돌던 글귀처럼
'그 이름 자체가 가장 좋아했던 사람'이기에,
온 힘을 다해 사랑을 퍼부었을 테니까요.

자신을 가장 좋아해줬던 여자를 못 잊는다는 경우는

대부분 감정이 남아있어서가 아니라
미안한 마음에 생각나는 거예요.

자신이 가장 좋아했던 여자와의
추억은 곱씹을 수 있지만
자신을 가장 좋아해줬던 여자와의 추억은
가끔 친구들에게 던지는
자랑거리에 불과해요.

그래서 남자는
자신을 좋아해주는 사람보다
자신이 좋아하는 사람을
만나야 하는 이유 중 하나고요.

EPISODE 33

남자들은
첫사랑을 못 잊는다?

잊기 힘들다는 것은 헤어지고 난 뒤에도
다시 만나고 싶다는 감정이 아니라
그냥 기억 속에서 잊기 힘들다는 것이에요.

강렬한 인상을 남긴 사람을 못 잊는 건
연애뿐만이 아니라 다른 관계에서도 마찬가지입니다.

오죽하면 남자들의 첫사랑은
결혼할 때 잊힌다는 말도 있잖아요?

하지만 헤어진 지 얼마 안 된 전 여자친구처럼
자나 깨나 생각이 난다는 것이 아니에요.
그냥 한 번씩 생각나는 정도예요.

무심코 흘러나오는 음악이
첫사랑과 함께 들었던 음악이라면
무심코 걸었던 길이
첫사랑과 함께 걸었던 길이라면
무심코 먹었던 음식이
첫사랑과 함께 먹었던 음식이라면
가끔 생각나는 정도예요.

여자들은 남자들의 첫사랑을
견제할 필요가 없어요.

그만큼 인상에 남는
'여자'였구나가 아니라
그만큼 인상에 남는
'사람'이었구나 정도니까요.

남자의 첫사랑은 잊어야 하는 것이 아닌
무뎌져야 하는 것이에요.

당신과 잘 사귀고 있다는 것은
첫사랑이 무뎌지고 있다는 것이고
그만큼 당신을 좋아한다는 의미예요.

물론 첫사랑과 당신을
비교하고 저울질하는 건
쓰레기니 헤어지세요.

EPISODE 34

남자들은 왜
외모를 안 본다고 해놓고
외모를 보나요?

남자들이 외모를 보지 않는다는 말은
외모를 무조건 보지 않겠다는 의미가 아니라
외모를 중점적으로 보지 않겠다는 의미예요.

외모를 1순위가 아닌 2, 3, 4순위로 두고
성격 등 다른 가치관을 1순위로 둔다는 뜻이예요.

사실 무조건 외모만 보는 사람은 극히 드물 거예요.

상대방과 오랫동안 관계를 지속하려면
겉으로만 보이는 외모보다는
내적으로 가치관이 맞아야
오랫동안 연애를 할 수 있어요.

여자들이 남자들은 결국 외모를 본다고
화내는 경우가 있어요.

외모를 보든 안 보든
다른 조건을 보든 안 보든
결국, 그 사람의 문제고
그 사람과 만나는 상대방의 문제이지

무언가 조건을 두고 만나려는 사람이 싫다면
안 만나면 끝인 거예요.

연애를 시작하려고 할 때
무조건 외모를 절대 안 보는 사람은 없어요.
그러니 남자가 외모를 아예 안 본다는 말을
아예 외모를 신경 쓰지 않는다는 말이
아니라는 것을 알아두세요.

EPISODE 35
남자들이 바지 주머니에
손 넣는 이유

보통 여자들은 남자들이
센 척을 한다든가 하는 이유로
바지 주머니에 손을 넣는 것으로 착각하고
꼴 보기 싫다는 분들이 많아요.

물론 센 척하기 위해 그러는 사람들도 있겠지만
대부분의 남자는 전혀 그럴 의도가 없어요.

첫 번째 이유는 손이 시려서 넣는 거예요.

패딩 주머니에 넣으면 옷이 차갑고 하니
제일 따뜻한 바지 주머니에 넣는 거예요.
그리고 바지 주머니에 손을 넣으면
몸이 웅크려지기 때문에 더 따뜻해지기도 하니까요.

두 번째로 가끔 손을
어떻게 움직여야 하는지
까먹기 때문이에요.

아무 생각없이 걷다가도
어느 순간 갑자기 손을 어떻게 움직여야 할지
각도는 어느 정도로 구부리고
어느 정도의 속도로 휘저어야 할지

갑자기 까먹어서, 손이 어색해서
바지 주머니에 손을 넣어버리는 경우가 있어요.

이처럼 남자들이
바지 주머니에 손을 넣는 이유는
춥다든가 갑자기
어색해서 그런 거예요.

센 척을 한다든가 멋져 보이고 싶어서
그런 게 아니라요.

그러니 오해하지 말고
바지 주머니에 손 넣은 남자를 보면
'많이 춥나 보구나' 혹은
'갑자기 손 움직이는 방법을
까먹었나 보구나'라고 생각해주세요.

EPISODE 36

친구랑 놀 때
연락을 잘 안 하는 이유

첫째, 멀티태스킹이 안 되는 경우

멀티태스킹이 태생적으로 안 되는 남자들이 있어요.
무언가 한 가지 일을 하고 있으면
절대 다른 일은 못 하는 거죠.
그래서 연락을 못 하는 경우가 있어요.

둘째, 귀찮아서

친구들이랑 놀고 있는데 카톡을 보내자니
뭐라 말해야 할지 생각해야 해서 귀찮기도 하고
신나게 놀고 있는 중에 흐름이 끊겨버리니,

그래서 카톡 답장이 느리거나 없는 경우가
정말, 매우, 많아요.

셋째, 연락 오는 걸 모르는 경우

노는 것에 집중하느라 연락 온 걸 모르는 경우예요.
이런 경우는 여자친구 생각을 잘 안 하는 남자예요.

놀면서 맛있는 것을 보면
여자친구와 함께 먹을 생각을 한다든가
놀면서 재밌는 것을 보면
여자친구와 함께할 생각을 한다든가,

보통 남자들은 놀면서도
여자친구 생각을 하기 마련인데
이런 경우는 여자친구의 걱정 따위는
뒤로 제쳐놓은 경우예요.

그래서 저 같은 경우에는
놀 때 계속 휴대전화만 보면
친구들 눈치도 보이고
친구들이랑 감정 상할 수도 있으니

어디서 무엇을 했고 어디서 무엇을 할 건지
그냥 딱 그 정도만,
간단하게 어디 가고 뭐할 건지 정도만 연락해요.

그러니 남자친구 연락 안 된다고 무작정 싸우지 말고
서로 배려하고 양보해서 합의하는 것도
하나의 좋은 방법이 될 수 있어요.

EPISODE 37

여자가 남자한테 잘해주면 변한다?

이건 남자마다 달라요.

변하는 남자들이 있고
안 변하는 남자들이 있어요.

연애에는 당연히 밀당이 없어야 해요.
좋으면 무조건 당기는 게 맞아요.

하지만 가끔 여자가 잘해주면
같이 잘해주지 못할망정
오히려 그 호의를 권리라고
당연한 듯이 여기는
글러 먹은 놈들이 있어요.

그 남자들은 어떤 마음이냐면
'내 여자친구는 내가 뭘 해도 좋아해줄 거야'

카톡 답장이 느리다든가
여자친구 만나는 것을 귀찮아한다든가
친구들 만나는 것을 여자친구보다 1순위로 두어도
자신을 좋아해줄 거라고 착각해요.

좋은 남자인지 아닌지
구별하는 방법은 간단해요.
정말 미친 듯이 일주일만 잘해줘보세요.

잘해준 만큼 당신을 예뻐해주고
더 사랑받기 위해 노력한다면
당신을 사랑해줄 수 있는 좋은 남자고,

오히려 당연한 권리처럼 여기며 막 대한다면
당신에게 앞으로 끊임없이 요구만 할 거예요.

잘해주면 보답해주는 남자를 만나세요.

연애는 사랑을 주고받는 것이지
주기만 하면 감정 봉사에 불과해요.

EPILOGUE

제가 연애에 특출하게 소질(?)이 있어서
이 책을 쓰게 된 것은 아닙니다.
완벽한 남자친구도 아니며,
연애 경험이 많은 것도 아닙니다.

그런 제가 알고 있을 정도의 사실이라면
이미 많은 분들이 알고 있는 것이라 생각합니다.
다만 행동에 옮기지 못했을 뿐이겠지만요.

연애 중인 여러분들에게
마지막으로 꼭 하고 싶은 이야기가 있습니다.

머리로만 '기억'하지 말고
상대에 대한 배려와 사랑을 '행동'으로 실천해주세요.
사랑하는 사람과 계속 함께하고 싶다면
내가 가진 사랑의 무게만큼
상대를 배려해주는 것이 가장 중요한 것 같아요.

이 책을 읽은 여러분 모두가
'롱런'하는 사랑을 하시길 바랍니다!

응원해주신 분들

iyeju2 앞으로도 성현 님 파이팅 하시고 난쟁이 성현 흥해라!

박서진 항상 흥하시고 파이팅♥ 성현 님의 재치있는 말이 어떤 식으로 책에 담겼을지 궁금해지네요!!!

한새연 언제나 봐도 예쁜 수은 님과 성현 님 덕분에 하루하루 영상 기다리는 맛에 사는데, '여모남심'도 참 재미있게 봤던 기억이 나네요. 항상 즐겁게 보고 있어요.

이채린 한창 '여모남심' 콘텐츠가 나올 때 꼭꼭 챙겨봤었어요! 그런데 이번엔 책으로 나온다니깐 기대되네요ㅎㅎ!

lime051012 저도 커플인데 이 책을 읽으면 도움이 많이 될 것 같아요.

조수빈 '여모남심' 꼭 챙겨봤어요ㅎㅎ 완전 진짜 기대되네요. 응원합니당!

이지영 제가 처음으로 봤던 영상이 '여모남심'이었는데 그 영상이 책으로 나오게 될 줄은 정말 몰랐어요. 책으로 나온다니까 너무 설레고 기대되네요♥

이브랜든 유튜브에서 봤던 감동을 책으로 볼 수 있게 되다니 바로 구매각! 항상 좋은 영상 감사합니다. 보면서 많이 힐링하고 있어요.

김수진 영상들을 너무너무 잘 보고 있어요!!!(가끔씩 부럽긴 하지만…)

ye_na0217 재밌게 보고 있었는데 끝나서 아쉬웠지만 책으로 나온다니! 재밌게 보겠습니다:)

wkddndnjs_429 형, 남모여심은 없나요…. 너무 힘들어요….

070802_blink '여모남심' 아직도 가끔 보는데 책으로 나오면 꼭 봐야겠어요. 난쟁이성현 훳팅~♥

suan_yejiapsa 성현 님 채널에서 '여모남심'은 꼭 반복해서 봤는데 드디어 책으로 나오네요. 후속작으로 남모여심도 나왔으면 좋겠네요!

최지은 '여모남심' 때 처음 성현 오빠를 봤어요! '여모남심'이라 하면 당연히 생각나는 게 이성현일 정도로 '여모남심'에 빠졌죠. 이렇게 책으로 나와서 너무 좋아요♥

김은별 '여모남심'이 책으로 나와서 너무 기뻐요ㅠㅠㅠ 책 사서 꼭 읽을게요♥

김동영 여자든 남자든 모두가 소장해야 할 연애지침서. 남다름을 갖추게 해주는 심장 같은 책♥

nagyeong2763 '여모남심' 콘텐츠 없어져서 아쉬웠는데 이렇게 책으로 나오니까 넘 좋아요! 난쟁이성현과 성수커플 훳팅♥♥

이현지 여모남심! 매우 v 베리 공감이 가는 시리즈가 책으로 나와 너무 좋아욥^^ 응원합니다!

이다현 디자인부터 내용까지, 부족한 게 없는 성현 오빠의 책 꼭 흥했으면 좋겠네요♥

윤서영 베스트셀러 되길 응원하고, '여모남심' 읽고 모두 커플 되길 바라요~!

thesibagyeon '여모남심' 유튜브로 재밌게 보다가 안 올리신다는 거에 아쉬웠는데 책으로 나온다니 너무 기대되네요!! 나오면 바로 뛰어가서 사야겠네요^ㅠ^ 꼭 베스트셀러 되길….

조수민 매우 v 베리 표지도 너무너무 예쁘고 내용도 알찬 스토리 같아서 기대가 되는 책입니다! 항상 힘내시고 서점 갔을 때 베스트셀러에 자리 잡고 있었으면 좋겠어요!

손정경 모솔, 솔로, 커플 누구든 필수로 읽어봐야 하는 연애지침서!! 흥해랏!!! 베스트셀러 가즈아!!!!!!!

이수지 자꾸 신경 쓰였던 썸남, 짝남 심리에 고민하다가 성현 님을 처음 알았고, 그때부터 쭉 팬이에요~! 똑소리 나게 잘 설명해주셔서 정말 감사했는데, 책으로 나온다니 완전 응원합니다!

so_soran 유튜브로 정말 많이 챙겨봤었는데 드디어 책으로도 나왔네요!! 남자든 여자든 이 책은 모두에게 좋을 것 같아요!

최유진 '여모남심' 자주 챙겨 봤었는데 책으로 나오다니!!! 너무너무 기대되네요ㅠㅠ 앞으로도 성수커플 응원하겠습니다!!

박한결 '여모남심'은 남자가 읽어도 정말 공감이 많이 가고 여성분들도 많이 찾는 영상이었던 것 같아요ㅎㅎ 연애를 하는 사람이든 안 하는 사람이든 정말 재밌게 볼 수 있다는 점!

이도형 처음에는 그냥 가끔씩 보는 영상이었지만 지금은 하루하루를 성현이 형 영상으로 시작하고 끝마쳐요!! 그중에서도 솔직히 '여모남심'이 가장 재밌었어요ㅋㅋㅋ

이가은 '여모남심' 영상 항상 잘 보고 있어요! 이번에 책으로 나온다니 기쁘네용 총총.

최지원 '여모남심' 보면서 자주 웃었고 성현 님과 수은 님의 연기가 많이 와닿았어요. 이렇게 책으로 내주셔서 정말 감사드려요!

김소연 먼저 장난쳐주고 다가와주길 바라는 게 여자의 심리인데 남자들은 그런 여자의 마음을 몰라서 둘은 결국 마음을 정리해버려요.

김다빈 연애에 대해서 잘 몰라서 찾아보거나 주변 지인들에게 많이 물어봤는데 그냥 남의 일이니까 대충대충 말해주는 게 대부분이더라고요. 그런데 성현 님이 정말 자세하게 말해주셔서 정말 많은 도움이 되었어요.

강선지 제가 호감 있는 남자애가 있었는데 그 친구랑 톡을 하면서 마음고생 많이 했어요. 그 와중에 성현 님 영상을 보게 되었고 '아 얘가 나를 싫어하는구나' 라는 생각이 들더라고요. 그래서 그 남자애를 포기했습니다. 어쩌면 그때 '여모남심'을 본 것은 행운이었는지도 몰라요.

조은지 재미로만 봤던 영상들이었는데 종이 냄

새 은은히 나는 책으로 출판 돼서 너무 기쁘네요. 오랫동안 보관할 수 있고 생각날 때마다 아날로그 감성 넘치게 책으로 볼 수 있어 행복해요^^

박상희 영상 보면서 '아, 남자들은 그렇구나'라는 것을 알게 되고 썸남에게 구질구질하게 다가서지 않을 수 있었어요ㅠㅠ

정아영 이 세상 모든 사람들이 성수커플처럼 행복한 연애 할 수 있게 되었으면 좋겠어요!!

박송민 성현 님을 '여모남심'을 통해 처음 접하게 되었는데 그때 처음으로 본 게 머릿속에서 잊히지 않아 55만 구독자 중 한 명이 되었답니다! 어여쁜 수은 님과 행복한 매일매일이 되길 바라며 언제나 응원합니다. 파이팅!

김호연 '여모남심'으로 활동할 때부터 지금까지 쭉 채널 구독과 시청을 잊지 않고 있는데요. 항상 밝고 긍정적인 마인드와 올바른 가치관에 대해서도 항상 감탄하고 있습니다!

서지원 인터넷으로만 보던 영상이 책으로 출판이 된다니 매우 기대돼요! 한글로 적으면 얼마나 예쁠까요? 성수커플은 당연히 응원하고 있고, '여모남심' 영원하길 바라고 있습니다!!

hyun_385 처음부터 모든 영상을 다 봤는데 정말 공감되고 좋아서 몇 번을 돌려봤는지 모르겠어요. '여모남심'이 책으로 나온단 걸 듣자마자 구매해야겠단 생각을 했고요ㅎㅎ

03x18 교복 입고 정말 매우 v네리를 외치던 게 엊그제 같은데 '여모남심'이 책으로 나온다니요! 너무 좋아하고 자주 봤던 콘텐츠였던 만큼 신기하고 제가 마치 책을 내는 거 같아요ㅎㅎㅎㅎ

정서영 성현님을 처음 알게 된 게 '여모남심' 영상을 우연히 보게 되었을 때부터인데요, 말을 너무 잘하셔서 엄청 재미있게 봤던 생각이 나네요. '여모남심'이 책으로 나온다니 요즘 책에 관심을 갖게 된 저 역시도 너무나 기대가 되고 설레네요ㅠㅠ

KI신서 7529
여자들은 모르는 남자들의 심리

1판 1쇄 발행 2018년 7월 13일
1판 3쇄 발행 2018년 7월 31일

지은이 이성현
펴낸이 김영곤 박선영 **펴낸곳** (주)북이십일 21세기북스

정보개발본부장 정지은
정보개발1팀장 이남경 **책임편집** 김선영
출판영업팀 최상호 한충희 최명열
출판마케팅팀 김홍선 최성환 배상현 이정인 신혜진 나은경
홍보기획팀 이혜연 최수아 김미임 박혜림 문소라 전효은 염진아 김선아
디자인 디자인 빅웨이브
제작팀 이영민

출판등록 2000년 5월 6일 제406-2003-061호
주소 (우 10881) 경기도 파주시 회동길 201(문발동)
대표전화 031-955-2100 **팩스** 031-955-2151 **이메일** book21@book21.co.kr

(주)북이십일 경계를 허무는 콘텐츠 리더
21세기북스 채널에서 도서 정보와 다양한 영상자료, 이벤트를 만나세요!
페이스북 facebook.com/21cbooks **블로그** b.book21.com
인스타그램 instagram.com/book_twentyone **홈페이지** www.book21.com
서울대 가지 않아도 들을 수 있는 명강의! 〈서가명강〉
네이버 오디오클립, 팟빵, 팟캐스트에서 '서가명강'을 검색해보세요!

ⓒ 이성현, 2018
ISBN 978-89-509-7576-0 03810

책값은 뒤표지에 있습니다.
이 책 내용의 일부 또는 전부를 재사용하려면 반드시 (주)북이십일의 동의를 얻어야 합니다.
잘못 만들어진 책은 구입하신 서점에서 교환해드립니다.